Ars Almadel
Salomonis

Du même auteur chez Unicursal :

Ars Paulina (Lemegeton Livre III)

Ars Theurgia Goetia (Lemegeton Livre II)

GOETIA – Petite Clé du Roi Salomon (Lemegeton Livre I)

Draconia : Les Enseignements Draconiques
de la Véritable Magie des Dragons

Draconia Tome 2 : Le Code Draconique au Quotidien

La Science des Mages : Traité Initiatique de Haute Magie

Magie Blanche : Formulaire Complet de Haute Sorcellerie

UNICURSAL

Éditions Unicursal Publishers
www.unicursalpub.com

ISBN 978-2-89806-043-4

Première Édition, Litha 2019

Ars Almadel Salomonis

LEMEGETON LIVRE IV

TRADUCTION, ÉDITION & INTRODUCTION
PAR
MARC-ANDRÉ RICARD

UNICURSAL

Sorcières pratiquant une évocation magique — 1834.

Here beginneth the fourth part of this Booke which is called Salomons Almadel Art.

By this Art Salomon attained great wisdom from the cheefs angells that governe the 4 alltitudes of the world, for you must observe there be 4 altitudes representing the 4 corners of the world, East, West, North and South, the which are divided into 12 parts, that is, every part in altitude into 3, and the angells of every of these altitudes have their particular vertues and powers, as shall be shewed in this following matter &c...

Make this Almadel of pure white wax... ... sound itselfe to this alttitude; it is to be four square, and one inche every way; one inch, you cannot... ... hole and write... every hole within... ... then... words or names [you] following, but this is to be done in the very... ... of... these upon the first part towards the East Adonai, Helomi, Pine, and upon the second towards the south, Helion, Heloi, Heli, and upon the west part Jod Hod, Agla, and upon the fourth part which is the north write these names Tetragrammaton, Shadai, Jah, and betwixt the first and the other quarters make the pentacle of Solomon thus △, and betwixt the hithand other quarters write this word Anabona and in the midst of the Almadel make a triangle figure and in the midst of it a triangle wherin you must write these names of god Hel, Helion Adoni and this last name round in the 6 angled figure, as you may see in this... you may see in this figure here made it, being, as for an example &c ....

South

Helion Heloi Heli
Anabona

Al
Hel
Helion
Adonai

East — Adonai, Helomi, Pine — Anabona

West — Iod, Hod, Agla — Anabona

Tetragrammaton Shadai Jah — Anabona

North

and the

Helion, Hellujon, Adonai;

Aluniel, Gabriel, Borachiel, Lebes & Hellison;

18ᵉ siècle – British Museum.

Préface de l'éditeur

L'Art Almadel du Roi Salomon ou *Ars Almadel Salomonis* est le quatrième livre du recueil constituant le LEMEGETON. Manuscrit datant probablement du 15ᵉ siècle, il traite des Anges associés aux 4 *Choras* ou Altitudes du monde (les grands quartiers ; Nord, Sud, Est, Ouest), lesquelles sont elles-mêmes divisés en 12 parties, et chacune de ces parties subdivisées à leur tour en 3 Altitudes. Nous nous retrouvons donc une fois encore avec un nombre imposant d'Anges et de Princes Célestes ayant de nombreux pouvoirs et vertus, lesquels pourront être évoqués par l'entremise du curieux instrument nommé *Almadel*, qui constitue une table évocatoire fabriquée à partir de cire pure, flanquée de quatre chandelles, sur laquelle reposera la pierre de voyance et le sceau en or.

Les explications du manuscrit sur la façon dont le magicien doit mener à terme ses opérations magiques sont plutôt sommaires et laissent sous entendre qu'elles sont destinées à être mise en application par des magiciens expérimentés dans l'*Art Goëtique*, ou ayant, à tout le moins, des prédispositions pour la communication spirite. Tout comme on le retrouve indiqué dans le troisième livre du Lemegeton, *Ars Paulina*, les Anges évoqués lors du rituel sont amenés à se manifester visiblement à travers un verre de voyance ou une pierre de cristal. Ils seront appelés au moyen d'invocations et de fumigations de mastic, lesquelles, selon le manuscrit, forcent les Esprits à se montrer lorsqu'ils hument le parfum provoqué par ces doux effluves. Le texte n'indique pas non plus s'il faut pratiquer le rituel à l'intérieur d'un cercle magique, ou plus particulièrement, *à l'intérieur du Cercle magique*, celui-la même que nous avons vu dans le premier tome *Ars Goetia*.

Une fois de plus, la beauté d'avoir à travailler avec des grimoires, s'il en est une, est de faire preuve de discernement afin de savoir interpréter au mieux, à la lumière de son intellect, les différents textes dans le but d'obtenir une image globale des pratiques magiques datant de plusieurs siècles. Une fois cela effectué, l'étudiant en occultisme pourra parvenir à l'obtention d'un schéma rituel complet qu'il pourra mettre en pratique avec de très bonnes chances de succès.

Pour parfaire cette traduction, je me suis fidèlement basé sur le texte manuscrit du Sloane 3825 du British Museum. Comme pour les livres précédents de cette série, j'ai comparé mon texte avec celui du Ms Harley 6483, et lorsque nécessaire, j'y ai inclus quelques annotations en bas de page pour indiquer certaines différences notables entre les deux textes. Le lecteur retrouvera en provenance de ce dernier une version alternative de l'*Almadel* en appendice à la fin de ce petit livre.

Alors sans plus attendre, tournons maintenant une nouvelle page des Arts Salomoniques avec le Livre IV : *Ars Almadel Salomonis.*

M. -A. Ricard ~555

Ars Almadel
Salomonis

Ici débute la Quatrième Partie de ce Livre intitulé

l'Art Almadel

du Roi Salomon

Par cette Règle [Art], Salomon obtint une grande sagesse de la part des Anges en chef qui gouvernent les 4 Altitudes du monde. Car vous devez observer qu'il existe 4 Altitudes, représentant les 4 coins du monde, Est, Ouest, Nord et Sud. Lesquelles sont divisées en 12 parties, c'est-à-dire, chaque partie ou Altitude en 3, et les Anges de chacune de ces Altitudes possèdent leurs pouvoirs et leurs vertus particulières, comme il sera montré dans ce qui suivra &c.

{ La Fabrication de l'Almadel }

*F*abriquez l'Almadel de pure cire blanche, mais convenablement colorée [par la suite] selon l'Altitude, comme il sera montré. Il doit être de quatre côtés égaux, et six pouces sur tous les côtés ; et dans chaque coin, un trou, et écrivez entre chaque trou, à l'aide d'un stylo neuf [1], les mots ou noms de Dieu suivants, mais cela doit être fait au jour et à l'heure de Sol [Soleil]. Écrivez sur la première partie faisant face à l'Est : **Adonai, Helomi** [2], **Pine**, et sur la seconde vers le Sud : **Helion, Heloi, Heii**, et sur la partie Ouest : **Jod, Hod, Agla**, et sur la quatrième partie qui correspond au Nord, écrivez ces noms : **Tetragrammaton, Shadai, Jah**, et entre le premier et les autres quartiers, tracez le Pentacle de Salomon ainsi ★, et écrivez ce mot entre le premier et les autres quartiers, **Anabona** et au centre de l'Almadel tracez une figure à six angles et au centre de celle-ci, un Triangle à l'intérieur duquel devront être écrits les noms de Dieu suivants : **Hel, Helion, Adonai**. Et ce dernier nom aussi, tout

---

1　　Plus probablement un stylet pour graver la cire et non pour *écrire*.

2　　Elohim ?

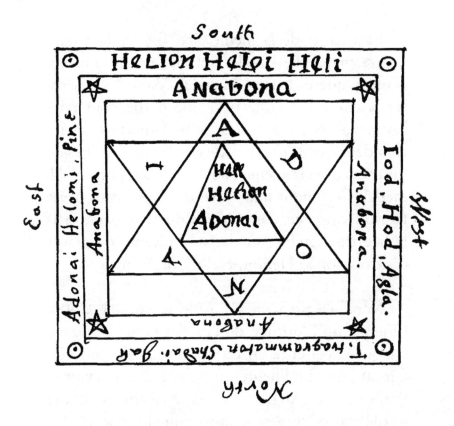

L'Almadel

autour des pointes de la figure à 6 angles, tel que vous pouvez le voir sur cette figure, laquelle est faite ici en exemple &c.

Et à partir de la même cire, il vous faut faire quatre chandelles, et elles doivent être de la même couleur que celle de l'Almadel. Vous devez séparer la cire en trois parties; une partie pour faire l'Almadel, et les 2 autres pour confectionner les chandelles, et de chacune de ces dernières, faites-en un trépied de la même cire afin de supporter l'Almadel. Ceci étant fait, en second lieu, vous devez fabriquer un Sceau en Or pur ou en Argent, mais l'Or est préférable, sur lequel doivent être gravés ces trois noms : **Helion, Hellujon, Adonai.**

Nota; La première Altitude se nomme Chora Orientis ou l'Altitude de l'Est, et pour faire quelconque expérience en cette Chora, cela doit être fait au jour et à l'heure du Soleil; et le pouvoir et l'office de ces Anges est de faire croître & rendre fertile toutes choses, autant animales que végétales, dans la procréation & la génération; pour faire anticiper la naissance des enfants & rendre fertiles les femmes infertiles &c. Leurs noms sont les suivants, à savoir : **Alimiel, Gabriel, Borachiel, Lebes & Hellison.**

Remarque : Vous ne devez pas prier d'autres Anges que ceux qui appartiennent à la même Altitude où vous avez un désir d'évoquer. Lorsque vous serez à l'œuvre, placez les 4 chandelles sur des chandeliers, mais en prenant soin de ne pas les allumer avant d'être prêt à débuter l'opération. Posez ensuite l'Almadel entre les quatre chandelles, sur le support en cire provenant de la cire des chandelles, et déposez le Sceau en Or [ou en Argent, selon le métal utilisé] sur l'Almadel, puis ayant l'Invocation transcrite sur du Parchemin vierge, allumez les chandelles et récitez l'Invocation comme il est indiqué à la fin de cette partie &c.

Et lorsqu'il apparaîtra — Il se montrera sous la forme d'un Ange portant dans sa main un éventail ou un drapeau, ayant dessus l'image d'une croix blanche ; son corps est drapé d'un nuage clair et son visage très clair et brillant, et une Couronne de Roses est posée sur sa tête. Il descend d'abord depuis l'inscription de l'Almadel, comme s'il s'agissait d'un Brouillard ou d'une Brume.

Alors l'Exorciste devra avoir prêt en sa possession un vase de Terre de la même couleur que celle de l'Almadel, et l'autre de ses fournitures, est sous

la forme d'une Bassine[3], et mettez-y quelques char-
bons ou cendres chaudes, mais pas trop, car ceci
ferait fonde la cire de l'Almadel, & jetez-y 3 petits
grains de mastic en poudre, de sorte qu'il se pro-
duise une fumée et que le parfum puisse monter et
s'échapper par les trous de l'Almadel, lorsque placé
en dessous, et aussitôt que l'Ange l'humera, il com-
mencera à parler d'une voix basse demandant quel
est votre désir et pour quel motifs vous avez appelé les Princes et les Gouverneurs de son Altitude.
Alors vous devez lui répondre, en disant :

*Je désire que toutes mes demandes me soient accor-
dées, et que ce pourquoi je prie puisse être accompli, car
votre office démontre et déclare que ceci doit être fait par
vous, s'il en plaît à Dieu, &c.*

Ajoutant les détails supplémentaires de vos re-
quêtes, priant avec humilité [et/ou sincérité][4] que
cela soit juste et légitime et que vous l'obtiendrez
assurément de lui. Mais s'il n'apparaissait pas pour
le moment, vous devrez récupérer le Sceau en Or, et
faire avec ce dernier trois ou quatre marques sur les
chandelles, ce par quoi l'Ange apparaîtra comme

---

3   Vase ou réceptacle en terre cuite.
4   *"Sincérité"* corrigé pour *"humilité"* dans Ms Sloane.
"Humilité" uniquement dans Ms Harley.

indiqué ci-haut, et lorsque l'Ange quittera, il emplira toute la place d'une odeur douce et agréable qui sera senti [persistera] longtemps.

Nota ; Le Sceau en Or pourra servir et être utilisé pour les opérations de toutes les Altitudes. La couleur de l'Almadel appartenant à la première Chora est le blanc lilas. Pour la Seconde Chora, un parfait rose rouge. La 3e Chora devra être un vert mêlé avec une teinte blanc argenté. La Quatrième Chora devra être un mélange de noir avec un peu de vert d'un teinte terne &c.

De la Seconde Chora ou Altitude.

Notez que toutes les trois autres Altitudes avec leurs Signes et leurs Princes ont le pouvoir sur les biens et les richesses, et peuvent rendre tout homme riche ou pauvre. Et comme la première Chora fait croître et rend fertile, ceux-ci diminuent [font décroître] et rendent stérile, &c.

Et si certains éprouvent le désir d'opérer dans l'une de ces 3 Choras ou Altitudes, qu'ils le fassent les Dimanches de la manière indiquée précédemment. Mais ne priez pas pour quoi que ce soit qui puisse être contraire à la nature de leurs offices [fonctions], ou contre Dieu et ses Lois, mais ce que Dieu donne selon le cours de la nature, que vous puissiez désirer et obtenir, et tout le matériel qui doit être utilisé devra être de la même couleur que celle de l'Almadel. Et les Princes de cette seconde Chora se nomment comme suit, à savoir : **Alphariza, Genon, Geron, Armon, Gereinon** [5] &c.

Et lorsque vous voudrez opérer, agenouillez-vous devant l'Almadel, avec des Vêtements de la même couleur suspendus dans un placard [petite pièce]

---

5   Harley 6483 : Gereimon.

avec aussi les mêmes couleurs, car la sainte appa-
rition[6] sera également de cette même couleur ; et
lorsqu'il apparaîtra, posez la Bassine de terre sous
l'Almadel avec le feu et les cendres chaudes et les
3 grains de Mastic en poudre à fumer tel qu'écrit
ci-haut, et lorsque l'Ange humera le parfum, il tour-
nera son visage vers vous, demandant à l'Exorciste
avec une voix basse pour quelle raison il a appelé
les Princes de cette Chora ou Altitude, alors vous
devez répondre comme précédemment ; en disant :

*Je désire que mes demandes me soient accordées, et ce
qu'elles contiennent puisse être accompli, car votre office
démontre et déclare que ceci doit être fait par vous, s'il en
plaît à Dieu, &c.*

Vous ne devez pas avoir peur, mais parlez humblement, disant &c :

*Je me remets pleinement en votre office, et je prie vos
Princes de cette Altitude que je puisse profiter et obtenir
toutes ces choses selon mes souhaits et désirs, &c.*

Vous pouvez vous exprimer davantage sur les
particularités de vos prières &c. Faites de même
pour les 2 autres Choras qui suivent &c.

---

6   Harley 6483 : "opération."

L'Ange de cette deuxième Altitude apparaît sous la forme d'un jeune Enfant avec des Vêtements de satin et d'une couleur rose rouge, ayant une Couronne d'Œillets rouges sur sa tête, son visage levé vers le ciel et d'une teinte rouge et est cintré d'une splendeur éblouissante, comme les rayons du Soleil ; et avant de quitter, il s'adressera à l'Exorciste, en disant :

' *Je suis ton ami et ton frère.* '

Et il illumine l'air tout autour avec splendeur, et il laisse une odeur agréable qui persistera long-temps, &c.

De la Troisième Chora ou Altitude.

*D*ans cette Chora, vous devez faire toutes les [mêmes] choses qui vous ont été précédemment indiquées pour les deux autres. Les Anges de cette Altitude sont nommés comme suit, à savoir : **Eliphamasai**[7], **Gelomiros, Gedobonai, Saranana, & Elomnia.** Ils apparaissent sous la forme d'Enfants ou de petites femmes, vêtus dans des teintes de vert et d'argent, très agréables à regarder, et ayant sur leurs têtes une Couronne de feuilles de Laurier sertie de fleurs aux couleurs blanches et vertes, et ils semblent regarder légèrement vers le bas avec leur visage, &c. Ils s'adressent à l'Exorciste de la même manière que les autres, et laissent derrière eux un doux parfum très prononcé, &c.

---

7   Harley 6483 : "Eliphaniasai."

De la Quatrième Chora ou Altitute.

Dans cette Chora, vous devez faire comme pour les autres, et les Anges de cette Chora se nomment **Barchiel, Gediel, Gabiel**[8]**, Deliel, & Captiel, &c.** Ceux-ci apparaissent sous la forme de petits hommes ou Garçons ayant des Vêtements de couleur noir mêlé de vert foncé; et dans leurs mains, ils tiennent un oiseau qui est nu & leurs têtes sont nues, seulement elles sont cintrées et serties de lierre et de baies. Ils sont tous très beaux et agréables et sont entourés d'une aura brillante aux couleurs diverses. Ils laissent également une douce odeur derrière eux; mais elle diffère un peu de celle des autres &c.

---

8   Harley 6483 : "Gobiel."

{Du moment opportun pour Invoquer ces Anges}

Notez qu'il y a 12 Princes qui règnent en plus de ceux des 4 Altitudes, et ils distribuent[9] leurs offices entre eux, chacun régnant sur 30 jours ou environs chaque année. Cependant il serait vain d'appeler l'un de ces Anges à moins qu'il s'agisse de ceux qui [présentement] gouvernent. Car chaque Chora ou Altitude, possède un temps limité selon les 12 Signes du Zodiaque et en quel signe est le Soleil, cet Ange ou ces Anges appartenant à ce signe ont la gouvernance.

En guise d'Exemple, supposons que je veuille appeler les 2 premiers des 5 [Anges] qui appartiennent à la première Chora, que je choisisse ensuite le premier Dimanche de Mars ; c'est-à-dire après que le Soleil soit entré en ♈, et puis finalement je procède à mon Expérimentation.

Et ainsi de cette façon si vous le désirez pour encore le Dimanche suivant. Mais si vous deviez appeler les 2 suivants qui appartiennent à la première Chora, alors vous devrez choisir les Dimanches

---

9   Ils remettent leurs pouvoir & offices à tour de rôle aux Princes qui prennent la relève de la gouvernance &c.

d'Avril, après que le ☉ soit entré en ♉. Mais si vous
deviez appeler le [dernier des 5] 5ᵉ, alors vous devrez choisir les Dimanches qui sont du mois de Mai
après que le ☉ soit entré en ♊ pour y faire votre
expérimentation.

Faites-en de même pour les autres Altitudes car
elles ont toutes une [seule] façon de fonctionner.
Mais les Altitudes ont un Nom individuellement
formés à même la substance du ciel, même en tant
que Caractère, car lorsque les Anges entendent les
noms de Dieu qui leur sont attribués, ils l'entendent par la vertu de ce Caractère. Par conséquent il
serait vain d'évoquer tout Ange ou Esprit à moins
que vous sachiez par quels noms de Dieu l'appeler.
Observez donc la forme de cette Conjuration ou
Invocation suivante &c.

l'Invocation

O toi grand & puissant Ange béni de Dieu, N, qui Règne en tant que chef & premier Ange gouverneur de la première Chora ou Altitude dans l'Est, sous le grand Prince de l'Est à qui tu dois obéissance, et qui est établi au-dessus de toi en tant que Roi par le pouvoir divin de Dieu, **Adonai, Helomi, Pine** ; qui est le pourvoyeur & le dispensateur de toutes choses, saint dans les cieux et sur Terre et en enfer ; Moi qui suis le serviteur de ce Dieu **Adonai, Helomi, Pine** ; envers qui tu obéis, je t'Invoque, te Conjure et te Supplie, toi N. de m'apparaître sans délai & par la vertu & le pouvoir de ce même Dieu, **Adonai, Helomi, Pine**, je te Commande, par celui à qui tu obéis et qui est établi au-dessus de toi en tant que Roi par le pouvoir divin de Dieu, que tu descendes immédiatement de ton Ordre ou lieu de résidence pour venir à moi afin de te montrer visiblement et clairement, devant moi dans ce Cristal, sous ta propre forme et gloire, parlant avec une voix intelligible et à ma compréhension. O toi puissant et Ange béni N., qui, par le pouvoir de Dieu est ordonné pour gouverner sur tous les animaux et les végétaux [10], et qui fait qu'ils puissent naître, croître et se reproduire, et de même de toutes les Créatures de Dieu, selon leurs genres et leurs natures ; moi le serviteur

---

10   Harley 6483 : "...animaux & les végétaux & minéraux."

de ton même Dieu, humblement je te prie et te conjure
de venir et de me montrer tout ce que je désirerai obtenir de toi, tant que ton office le permette ou que tu sois
capable d'accomplir, si Dieu le permet; O toi serviteur
de miséricorde N., je te prie et humblement te conjure,
aux noms et par ces 3 noms de ton vrai Dieu, **Adonai,
Helomi, Pine**, Et te contrains aussi par et en ce puissant nom **Anabona**, que tu apparaisses visiblement et
clairement sans délai, sous ta propre forme et gloire dans
ce Cristal, afin que je puisse visiblement te voir et clairement t'entendre me parler, et afin que je puisse obtenir ta
glorieuse et bénie assistance angélique, familiarité, ami-
tié et constante société, communication et instruction,
maintenant et à tout autre moment, pour m'informer et
m'instruire avec justesse dans mon ignorance et intellec-
tuel dépravé, jugement et compréhension; et pour m'aider
à la fois ici, et dans toutes autres vérités, sinon que puisse
le Tout-Puissant **Adonai**, le Roi des Rois, le Pourvoyeur
de tous les bons présents dans sa Généreuse et Paternelle
Miséricorde, être gracieusement heureux de m'accorder.

Par conséquent, O toi Ange béni N., sois-moi amical, et
fais pour moi, pour autant que Dieu t'en ai donné le pouvoir et l'office d'accomplir, d'où je te déplace en pouvoir
et en présence pour m'apparaître, afin que je puisse chan-
ter avec ses saints Anges, O Mappa-la-man! Allelujah
Amen.

Notez que cette invocation devra être modifiée en fonction de l'Altitude et de l'Ange que vous souhaitez appeler.

Lorsqu'il sera apparu, entretenez-vous [11] avec lui ou eux de manière courtoise, et demandez ensuite ce qui est juste et légitime ; et ce qui est approprié et convenable pour son office, et vous l'obtiendrez.

Ainsi s'achève le Livre Almadel de Salomon. &c.

---

11   La bienvenue à l'Esprit lors de sa venue.

Appendice

Voici en appendice, par souci de comparaison, la version alternative de l'Almadel, telle qu'on la retrouve dans le Manuscrit Harley 6483.

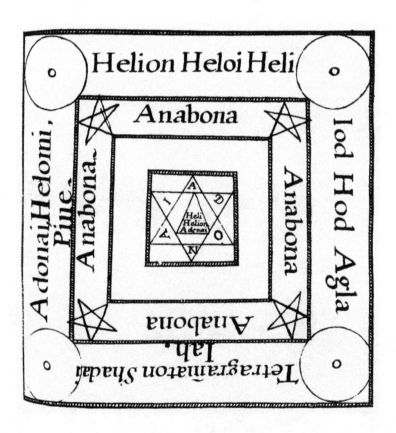

Table des Matières

Ars Almadel Salomonis

CPSIA information can be obtained
at www.ICGtesting.com
Printed in the USA
LVHW050040151121
703347LV00008B/442